ROMEON
VERLAG

Und wer denkt an uns Kinder?

1. Auflage, erschienen 4-2021

Umschlaggestaltung: Romeon Verlag
Text und Zeichnungen: Beate Birk
Layout: Romeon Verlag
ISBN: 978-3-96229-239-3

www.romeon-verlag.de

Copyright © Romeon Verlag, Jüchen

Bibliografische Information der Deutschen Nationalbibliothek:
Die Deutsche Nationalbibliothek verzeichnet diese Publikation in der Deutschen Nationalbibliografie; detaillierte bibliografische Daten sind im Internet über *http://dnb.dnb.de* abrufbar.

Beate Birk

Und wer denkt an uns Kinder?

Inhaltsverzeichnis

Not macht erfinderisch - Vorgeschichte   7

1. Kapitel: Ängste   12

2. Kapitel: Der Angstbaum   20

3. Kapitel: Heikle Themen   25

4. Kapitel: Das Mädchen mit dem Coronahütchen   31

5. Kapitel: Opa mischt sich ein   36

6. Kapitel: Ängste überwinden   41

7. Kapitel: Eine druckreife Traumgeschichte   44

8. Kapitel: Ein Traum bekommt Junge…   48

9. Kapitel: Nicht ohne meinen Papa   58

10. Kapitel: Licht am Ende des Tunnels   62

Hoffnung - Nachwort   66

Die Autorin   67

Not macht erfinderisch - Vorgeschichte

Das ist die Geschichte von Felix. Er hat sie für euch aufgeschrieben.

Ich war traurig. Die Schule musste wegen Corona wieder zumachen. Ich war zu Hause und sollte von dort aus lernen. Die Arbeitsaufträge bekam ich über eine Mail, die Mama mir ausdruckte. Meine Lehrerin schrieb mir alles auf und auch noch ein paar freundliche Worte dazu. Das war ja nett von ihr. Aber viel lieber würde ich in die Schule gehen und sie dort treffen und natürlich meine Freunde.

Also saß ich am Küchentisch und bearbeitete meine Arbeitsaufträge. Manchmal musste ich Mama fragen. Die saß am Computer und arbeitete für ihren Chef von zu Hause aus.

Erst erklärte Mama mir alles geduldig, aber mit der Zeit wurde sie immer gereizter. Ich kannte diese Reaktion von ihr schon und ließ sie lieber in Ruhe.

„Mama, spielst du mit mir heute Nachmittag Brettspiele?" „Felix, ich habe keine Zeit, ich muss arbeiten, den Haushalt machen, kochen, Briefe schreiben… kannst du dich nicht mal mit dir selbst beschäftigen oder mit Anna-Lena spielen?" Anna-Lena ist meine große Schwester. Aber die hat andere Interessen als ich.

Nach einer Weile hatte ich meine Aufgaben erledigt. Bis zum Mittagessen war noch Zeit. Ich verzog mich in mein Kinderzimmer und spielte mit meiner Carrerabahn. Ich habe viele schöne Spielsachen, aber alleine spielen wird schnell langweilig.

Anna-Lena telefonierte mit einer Freundin und kicherte die ganze Zeit. Ich seufzte. Wenn sie kichert, scheint es ihr gut zu gehen.

Endlich legte sie den Hörer auf und wendete sich mir zu. „Spielst du mit mir, Anna-Lena?" Fragte ich. Sie wuschelte mir durchs Haar und sagte: „Leider muss ich heute ein Referat vorbereiten. Das dauert eine Weile. Aber ich gebe dir einen Auftrag: Nimm ein Blatt Papier und schreibe auf, wen du in deiner Klasse schon immer ganz interessant fandest und mit dem du aber keinen oder kaum Kontakt hattest!"

„Wieso das denn?" fragte ich. „Na, weil die Menschen jetzt viel mehr Zeit haben. Sonst sind sie sehr beschäftigt und viel unterwegs. Nun kannst du mit ihnen telefonieren, skypen oder WhatsAppen. Die freuen sich auch über Kontakt. Überlege dir, wen du in deiner Klasse schon immer mal was fragen wolltest!"

Komischer Auftrag! Aber da es mir eh langweilig war, setzte ich mich an den Tisch und kaute an meinem Stift. Ich überlegte eine Weile und dann fielen mir einige Kinder ein. Da war der neue Schüler in der Klasse, der ziemlich schüchtern ist. Er heißt Thomas.

Neulich erzählte er vor der Klasse, dass er Posaune spielt. Ich weiß gar nicht, wie das klingt, dachte ich. Und dann ist da Abdul, das kurdische Flüchtlingskind. Er sagte neulich das Nikolausgedicht so gekonnt auf. Und Melanie, die andere Leute so treffend imitieren konnte.

Ich schrieb auf mein Papier: Thomas, kannst du mir mal was über die Posaune erzählen? Und magst du was vorspielen, ein Video aufnehmen und mir über WhatsApp oder Mail zuschicken?

Abdul, wie hast du es geschafft, das lange Nikolausgedicht so gut auswendig zu lernen?

Melanie, seit wann kannst du Leute so gut imitieren? Und willst du uns eine Kostprobe deines schauspielerischen Talents zuschicken?

Mir fielen noch mehr Kinder ein. Aber drei sollten für den Anfang erst mal genügen. Ich rannte mit dem Zettel wieder zu meiner Schwester. Die telefonierte schon wieder und kicherte dabei.

Meine Schwester hatte keine Zeit für mich. Mama auch nicht. Papa arbeitete im Krankenhaus und war eh nicht da.

Wer hatte denn Zeit? Da fielen mir meine Großeltern ein. Die Oma bestimmt! Ich fragte Mama, ob ich mit ihrem Handy die Oma anrufen dürfe. Mama gab mir ihr Handy und wendete sich wieder ihrem Computer zu. Die Telefonnummer der Oma war eingespeichert. „Schneider," hörte ich Omas Stimme.

„Hallo Oma, hier ist Felix. Ich habe eine Frage an dich. Kannst du mir dabei helfen, neue Freunde zu finden?" Ich erklärte ihr alles, was ich vorhatte. Die Oma meinte: „Das ist eine gute Idee. Ihr könntet eine Chat-Gruppe gründen. Aber vorher müsst ihr eure Eltern fragen, ob sie einverstanden sind. Das ist wichtig wegen des Datenschutzes. Gut wäre, wenn einer von euren Eltern das etwas überwacht." „Mama und Papa haben keine Zeit. Aber du hast doch Zeit?" warf ich ein. Oma lachte. „So viel Zeit auch nicht! Aber weil du es bist, lasse ich mir was einfallen. Ich koche jetzt und rufe später an. Okay?" „Danke Oma, bis später!"

Ich rief die drei aus meiner Klasse an. Die waren bereit,

sich anzuschließen. Thomas freute sich sogar sehr, denn er hatte ja noch wenige Freunde in der Klasse. Er spielte auf seiner Posaune wunderschöne Evergreens vor und erzählte, wie er zu dem Instrument kam. Abdul brauchte eine Weile, bis seine Eltern ihm erlaubten, mitzumachen. Er meinte, er habe sein Sprechtalent wahrscheinlich von seinem Opa geerbt. Der sei auch immer ein guter Redner gewesen. Und Melanie kicherte, sie wisse auch nicht, woher sie so gut Leute imitieren kann. In ihrer Familie seien Tanten und Onkels mit verschiedenen Dialekten, die sie immer so lustig fand. Und als sie wieder abgereist waren, habe sie in Gedanken mit ihnen in ihrem Dialekt gesprochen.

Und ich wurde gefragt, woher ich gelernt habe, so gut zu turnen. Das schmeichelte mir und ich erzählte, dass mein Papa und mein Opa auch schon immer sehr sportlich waren, vor allem gute Skifahrer. Ich stellte sogar ein Video von meinem Papa vor, als er einmal bei einem Skirennen Zweiter wurde.

Inzwischen war die Chatgruppe auf acht Kinder erweitert. Teils aus der Schulklasse, aber teilweise auch andere Kinder. Und es gab immer ein Kind, das wieder eine neue Idee hatte. Oma meinte, ein Kind solle immer ein neues Thema vorschlagen und wenn die anderen zustimmen, auch die Moderation übernehmen. Manchmal machten auch andere Großeltern oder Tanten und Onkels mit. Sabrinas Onkel war bei der Feuerwehr und wusste von aufregenden Einsätzen zu berichten. Die Mama von einem Kind erzählte von ihrem langen Weg zur freischaffenden Künstlerin und wie schwierig es sei, in dieser Zeit Aufträge zu bekommen. Auch viele Eltern waren an der Chatgruppe interessiert, und wir spielten uns die Beiträge vor.

Es gab ja so viele interessante Menschen und Schicksale, von denen wir sonst gar nichts erfahren hätten. Ein ganz wichtiger Beitrag kam von einem Papa, der sich für den Umweltschutz engagiert. Er erklärte uns den Zusammenhang zwischen Corona und Klimawandel.

Die Hausaufgaben wurden sehr schnell erledigt, und dann ging es los mit der Chatgruppe. Da erfuhren wir viele neue, interessante Dinge.

Oma bot an, alle bei sich einzuladen und zu bewirten, wenn das wieder möglich ist. Das fanden alle nett von Oma und fingen an, ihre Beiträge einzustudieren. Ich war sehr stolz auf meine Oma und mochte sie lieber denn je. Auch Mama, Papa und Anna-Lena waren immer ganz gespannt darauf, wer was in der Chatgruppe vorstellte. Wir saßen um den Küchentisch herum und hörten uns die Beiträge an. Oft mussten wir lachen, und die Stimmung wurde dadurch aufgehellt.

Wie sagte Oma immer: „Not macht erfinderisch!"

1. Kapitel: Ängste

Ja, das klang alles sehr fröhlich und positiv. Aber das war nur eine Seite der Medaille. In Wirklichkeit ging es mir oft gar nicht gut. Und ich merkte es auch meinen Eltern an. Die machten häufig sehr ernste Gesichter und seufzten vor sich hin. Neulich erlebte ich, wie Mama sich an Papa klammerte, schluchzte und immer wieder sagte: „Ich habe solche Angst!" Papa drückte sie fest an sich und meinte dann: „Ich auch!"

So hatte ich meine Eltern früher nicht erlebt. Die waren meistens gut gelaunt und sehr aktiv. Die Bilder aus dem Fernsehen, die die Kranken zeigen, waren beängstigend. Mama wollte verhindern, dass ich das sehe, aber ich sah es ja trotzdem. Anna-Lena schaute auf ihrem PC fern, und da kriegte ich es mit.

„Mache dir keine Sorgen, Kleiner," sagte sie dann. „Das sind vor allem alte Menschen, keine Kinder!"

„Ja, aber wenn Oma oder Opa die Krankheit bekommen würden, hätte ich große Angst um sie," war meine Antwort.

Wohin mit meiner Angst, fragte ich mich. Manchmal träumte ich schlecht und wachte dann mitten in der Nacht auf. Ich durfte immer zu Mama ins Bett kommen, wenn ich schlecht geträumt hatte und dort kuschelte ich mich an sie und schlief meistens bald wieder ein.

Mama sagte einmal: „Ich bin froh, dass ich viel zu tun habe, dann komme ich nicht so ins Grübeln."

Ich überlegte mir, ob ich das Thema Angst auch einmal in der Chatgruppe ansprechen soll.

Ich rief wie so oft Oma an. „Oma, hast du Zeit?" „Ja, für dich doch fast immer. Was hast du denn auf dem Herzen?"

„Oma, ich will dich fragen, ob du auch Angst hast vor dem Virus." Am anderen Ende der Leitung war es eine Weile still. Dann höre ich Oma seufzen: „Ja Felix, ich habe auch Angst. Normalerweise habe ich großes Vertrauen in unser Gesundheitssystem und in die Ärzte, aber diese Krankheit ist schlimmer als das, was wir vorher erlebt haben. Es gibt kein wirkliches Gegenmittel außer der Impfung, die aber erst langsam anläuft. Deswegen haben wir, glaube ich, alle Angst."

„Aber manche Leute sagen doch, dass es nicht schlimmer ist als eine Grippe!" warf ich ein. „Das hast du auch schon gehört?" fragte Oma erstaunt. Ich wusste zu berichten: „Die Nachbarin von einem Schulfreund geht immer zur Querdenkerdemo auf einen großen Parkplatz! Die sagen, dass alles übertrieben wird."

„Ja," meinte Oma am anderen Ende der Leitung. „Solche Leute gibt es. Ich kann sie sogar irgendwie verstehen. Sie verdrängen die bittere Wahrheit, aber davon wird es auch nicht besser, sondern sogar schlimmer. Wenn ich ein wildes Tier vor mir habe, das mich bedroht, sage ich auch nicht, das ist doch nur ein harmloses, liebes Tier.

Aber das ist der Unterschied: das wilde Tier sehe ich, erlebe ich, aber dieses Virus ist eben unsichtbar, deshalb glauben viele Menschen, es gäbe es gar nicht."

„Oma, meinst du, ich soll das Thema in der Chatgruppe ansprechen?" war meine Frage.

Oma überlegte eine Weile: „Ja und nein, ich bin selbst unsicher.

Einerseits sollen und wollen wir euch Kinder nicht unnötig belasten, andererseits kriegt ihr es sowieso mit und ich denke oft, ihr Kinder habt zu Problemen manchmal sehr gute Gedanken und Einfälle. Ich finde, die Angst kann kleiner werden oder leichter erträglich, wenn wir darüber sprechen. Aber in der Chatgruppe sollten wir sehr vorsichtig sein. Das Sprichwort heißt, wir sollten keine schlafenden Hunde wecken. Wenn ein Kind noch völlig oder fast unbehelligt ist, sollten wir es nicht unnötig belasten. Und es gibt auch sehr sensible Kinder, die nur schwer damit umgehen können."

„Aber Oma, wir Kinder wissen es doch. Wir müssen in der Schule die AHA –Regeln einhalten, die Maske tragen, wir müssen uns ganz oft die Hände waschen, müssen auf Abstand gehen, das haben sie uns doch ständig erklärt," entgegnete ich.

„Da hast du auch wieder Recht! Trotzdem sollten wir erst die Eltern fragen, ob sie einverstanden sind, dass wir das Thema Angst ansprechen. Ich würde gar nicht das Wort Angst verwenden, sondern es lieber durch ein anderes Wort ersetzen wie Gefühl oder Stimmung.

Also Felix, überlege dir eine Frage für die Chatgruppe. Ich überlege mir auch etwas. Jetzt muss ich mit Opa zum Einkaufen.

Bis später!" verabschiedete sich Oma.

In meinem Zimmer überlegte ich mir, wie ich die Frage formulieren könnte. Und dabei wurde mir klar, wie dankbar ich meiner Oma war, dass sie immer ein offenes Ohr für mich hat, mich ernst nimmt und offen zu mir spricht.

Trotz langen Grübelns fiel mir die passende Frage nicht

ein. Wie fühlt ihr euch, wenn ihr an Corona denkt? Was vermisst ihr am meisten? Was wünscht ihr euch?

Wieder ging ich zu meiner Schwester Anna-Lena. Die kicherte diesmal nicht, sondern schaute sehr ernst drein. „Anna-Lena, findest du, wir sollten über die Angst vor Corona sprechen?" Ich erzählte ihr von meinem Telefonat mit Oma. Anna-Lena nahm mich auf den Schoß und hielt mich fest umschlungen.

Das hatte sie schon lange nicht mehr gemacht. Ich genoss ihre Umarmung und fühlte mich sehr wohl bei ihr.

„Ich finde schon, dass wir über unsere Angst sprechen sollten," begann sie… Plötzlich bemerkte ich, dass sie Tränen in den Augen hatte. „Was ist denn los?" Fragte ich erschrocken. „Mein Lehrer, einer meiner liebsten Lehrer hat Corona." schluchzte sie. „Ich vermisse ihn jetzt schon. Wenn du mich so fragst, ja, ich habe Angst, dass er nicht mehr kommen kann."

Obwohl ich diesen Lehrer gar nicht kannte, wurde mir auch das Herz schwer. Wenn meine Schwester so was über einen Lehrer sagte, dann musste der wirklich nett sein. Oft hatte sie sich über ihre Lehrer oder Lehrerinnen beschwert und lustig gemacht.

„Es sind so viele Ängste," begann sie.

„Einmal die Angst, einen Menschen zu verlieren, dann natürlich die Angst, selbst krank zu werden und dann auch noch die Angst, womöglich jemanden anzustecken.

Und auch die Angst, völlig alleine zu sein in der Krankheit. Das ist wirklich viel zu ertragen. Sonst, wenn wir krank sind, werden wir aufgepäppelt und verwöhnt. Aber bei dieser Krankheit müssen wir ja die anderen vor

Ansteckung schützen, uns zurücknehmen und alleine damit fertig werden."

„Und was sagst du zu den Querdenkern?" fragte ich neugierig.

„Die machen es sich zu einfach. Aber Querdenker sind nicht gleich Querdenker. Die einen verbreiten Unwahrheiten über das Virus und rufen zum Widerstand auf. Die anderen haben Angst vor der Impfung, wieder andere haben Angst um ihre Existenz, weil sie vielleicht ein Restaurant betreiben oder als Freiberufler tätig sind. Auch Künstler haben es gerade sehr schwer, Aufträge zu bekommen."

„Wie sollte die Frage an meine Chatgruppe lauten, Anna-Lena?" begann ich wieder.

„Hm, es müsste die Angst etwas umschreiben. So vielleicht: Wie geht es euch in dieser Corona Zeit? Dann können sie alles Mögliche antworten." „Danke, Anna-Lena," sagte ich.

„Wofür?" „Dass du dir Zeit für mich genommen hast." „Ach so, das meinst du! Du kannst immer zu mir kommen, Kleiner!" Sie wuschelte mir durch die Haare. Das war neu. Sonst hatte ich immer das Gefühl, sie wolle mich schnell wieder loswerden, weil sie was Besseres zu tun hat.

Ich verzog mich in mein Zimmer und nahm ein Blatt Papier. Darauf notierte ich Stichpunkte. In der Mitte schrieb ich mit großen Buchstaben **Angst** darauf und ringsum alles, was mich damit verband. Schlecht träumen, Herzklopfen, sich nicht trauen, schwitzen, zittern….

Ich fand das mit dem Träumen gar nicht schlecht. Hattest du schon Träume zu Corona?

Am Nachmittag rief Oma an. „Deine Frage ging mir gar nicht mehr aus dem Kopf," meinte sie. „Natürlich haben wir alle Angst. Aber das Wort Angst verwenden wir ungern, weil es schlechte Gefühle in uns und in den anderen auslöst.

Weißt du Felix, natürlich wissen wir, dass wir nicht unsterblich sind. Aber das Thema Sterben und Tod klammern wir meist aus, weil es uns große Angst macht. Ich habe mir auch schon mal gedacht, ich muss mich damit auseinandersetzen. Meine Freundin Gundi arbeitet ehrenamtlich im Hospiz, wo Menschen aufgenommen werden, die im Sterben liegen.

Sie werden dort gut begleitet und können leichter sterben, wenn es so weit ist. Aber im Krankenhaus ganz alleine ohne Besuch zu sterben, das ist doch schrecklich.

Das will niemand und das wünsche ich niemandem." Ich musste schlucken. „Das ist wirklich schlimm," stammelte ich.

„Ja, Felix, aber damit sollte ich dich wirklich nicht belasten. Erzähle lieber wieder von dir!"

Ich erklärte ihr, dass ich die Angst mit Träumen umschreiben wollte. Das kann ja dann alles sein: Wunschträume oder Angstträume…

„Aber viele Menschen können sich an ihre Träume gar nicht erinnern," gab Oma zu bedenken. Das stimmte auch wieder. „Vielleicht lieber in einen Wunsch verpacken: was ist dein größter Wunsch?

Dann sagen bestimmt manche Kinder, dass sie sich wünschen, dass Corona aus unserem Leben verschwindet," fuhr sie fort.

Diesmal blieb ich mit verworrenen Gedanken zurück. Wir haben alle Angst, aber möchten nicht darüber sprechen. Wie dann die Angst umschreiben?

2. Kapitel: Der Angstbaum

In dieser Nacht hatte ich einen Traum. Ich träumte von einem Angstbaum. Er trug seltsame Früchte, nämlich Angstfrüchte. In meinem Traum ging ich über eine Wiese, wo der Angstbaum stand. Er war groß und sah sehr unheimlich aus. Er hatte knorrige Äste, die wie Fratzen wirkten, dunkle Blätter, die schwer und nass an den Ästen hingen und eigenartige Früchte, die aber gar nicht so gruselig aussahen, eher wie kauzige Gesellen, die auf seltsame Weise in dem Baum gefangen waren.

Es kam mir so vor, als hätten sie Gesichter. Ich sah in eines ihrer Gesichter und meinte, eines der Wesen hätte mir zugezwinkert. Ich sagte: „Hallo," und blieb stehen.

Dabei klopfte mir das Herz bis zum Hals. Eine dunkle Stimme antwortete mir.

Es klang, als sei die Stimme weit weg. „Hallo!" „Was machst du in dem Baum?" Fragte ich. Da vernahm ich ein dröhnendes Lachen. „Du traust dich, mich anzusprechen? Das finde ich gut. Die meisten Menschen gehen schnell weiter, weil sie Angst vor uns haben. Ich bin in dem Baum gefangen und habe mich in sein Geäst verstrickt. Kannst du mir helfen, mich zu befreien?" Mutig antwortete ich: „Wie kann ich dir helfen?"

Wieder hörte ich das eigenartige Lachen. „Wie schön, dass du dich traust! Du musst meine Verstrickung lösen!" „Wie soll ich das denn machen?" fragte ich nach.

Da hörte ich einen abgrundtiefen Seufzer. „Das weiß ich leider auch nicht. Ich bin gefangen in dem Angstbaum und die Angst lähmt mich, raubt mir den Verstand und die Energie. Ich bin gar nicht mehr ich selbst!"

„Willst du mir sagen, wie es dazu kam?" ermunterte ich mein Gegenüber.

Das Wesen im Baum atmete laut hörbar. Dann fing es an zu erzählen: „Ich bin die Angst eines Jungen wie du. Er wuchs behütet auf. In der Familie lebten seine zwei älteren Brüder, seine Eltern und er.

Auch seine Großeltern lebten am Ort und hatten viel Kontakt zur Familie. Eines Tages gingen die Kinder mit ihren Großeltern zum Baden. Es war ein heißer Tag. Viele Menschen waren an den Badesee gekommen. Sie fanden kaum noch ein Schattenplätzchen unter den großen Bäumen. Natürlich wollten alle so schnell wie möglich ins Wasser.

Die Brüder des Jungen rannten zum Ufer und stürzten

sich ins kühle Nass. Der Junge folgte ihnen und ging auch ins Wasser. Anfangs konnte er noch stehen, dann rutschte er auf einmal aus und tauchte unter.

Er hatte furchtbare Angst, versuchte nach oben zu kommen, was ihm auch zunächst gelang, aber dann schaffte er es auf einmal nicht mehr. Er wollte noch schreien, aber seine Schreie gingen unter im allgemeinen Gewühl der vielen Badegäste. Außerdem versank er im Wasser.

Irgendwann wurde er gepackt und ans Ufer getragen. Sein Opa war sein Lebensretter. Er belebte ihn wieder und sorgte dafür, dass er das viele Wasser wieder ausspuckte, das er geschluckt hatte. Ein Rettungssanitäter war schnell zur Stelle und kümmerte sich um ihn. Gott sei Dank ging alles noch einmal gut. Aber die Angst vor dem Wasser ist ihm geblieben. Er ist gefangen in dem Angstbaum. Der hält ihn fest und lässt ihn nicht mehr frei. Er klammert sich geradezu an ihm fest.

Die anderen Früchte haben alle eine andere Angst. Der Angstbaum sammelt verschiedene Ängste ein und hält sie in seinem Baum gefangen. Er interessiert sich für immer neue Ängste, jagt sie, fängt sie und setzt sie in sein Geäst. Ich bin die Wasserangst, mein Nachbar links ist die Angst vor der Einsamkeit, über mir die Angst vor Hunden, unter mir die Angst vor Schlangen, daneben die Angst vor Gewitter, schräg darüber die Angst vor dem Feuer und ganz oben die Angst vor einer schlimmen Krankheit. Der Angstbaum sammelt uns wie das andere Menschen bei Briefmarken oder Muscheln tun."

„Warum tut er das?" Hörte ich mich fragen. „Das ist ein Geheimnis, das wir ergründen müssen. Wenn wir das Geheimnis entschlüsseln, werden wir wahrscheinlich befreit. Wenn manche von uns weg sind oder schrumpfen, muss er sich andere Früchte suchen. Aber er wird niemals aufhören zu existieren, denn es gibt kein Leben ohne Angst. Die Angst kann nur kleiner werden, nie völlig verschwinden."

Am nächsten Morgen wachte ich mit klopfendem Herzen auf und rannte gleich zu meiner Schwester. Die schlief noch. Ich wollte mich an sie kuscheln und bei ihr weiterschlafen, aber dann fiel mir ein, was Oma gesagt hatte: Oft vergessen wir die Träume. Ich setzte mich also an meinen Schreibtisch und notierte mir das Wichtigste aus dem Traum.

Anschließend legte ich mich wieder in mein Bett und schlief ein.

Ich wachte erst wieder durch Mamas Stimme auf: „Felix, du Langschläfer, auf ins Homeoffice!" So nannten wir meine Schularbeit von zu Hause aus. Gleich nach dem Frühstück rief ich Oma an. „Oma, stell dir vor, ich habe heute Nacht von einem Angstbaum geträumt." „Wirklich?" Oma schien sehr erstaunt. Ich erzählte ihr von dem Traum und dass ich mir gleich nach dem Aufwachen Notizen gemacht hatte. „Oma, du hast doch gesagt, dass wir unsere Träume oft vergessen." „Ja, das ist gut, dass du alles aufgeschrieben hast."

Ich hörte eine Weile nichts am anderen Ende der Leitung. „Oma, bist du noch da?" „Ja, Felix, natürlich.

Weißt du, ich glaube, dass dein Traum eine Botschaft enthält. Von Gott oder von einer höheren Macht, wie auch immer. So kannst du in die Chatgruppe gehen. Du erzählst ihnen, dass du von dem Angstbaum geträumt hast, und fragst, ob sie der Traum interessiert.

Über den Traum könnt ihr dann auch über eure Ängste

sprechen. Es ist immer gut, einen Stellvertreter für die eigenen Ängste zu suchen, dann ist es leichter, damit umzugehen. Und am Schluss kannst du die Frage stellen, ob sie das auch kennen, so ein Angstgefühl."

Ja, Oma hatte Recht. Mein Traum vom Angstbaum enthielt eine Botschaft. Ich nahm mein Handy und schrieb an die Chatgruppe: „Hallo, heute Nacht träumte ich von einem Angstbaum. Wollt ihr davon hören?"

Die meisten wollten es hören. Nur Rainer meinte, er wolle lieber nicht.

3. Kapitel: Heikle Themen

Wieder fragte ich Oma. Sie meinte, so etwas hätte sie schon befürchtet. Bei heiklen Themen wie Angst müssen wir uns vorsichtig heranpirschen. „Ich würde an deiner Stelle Rainer `mal anrufen und ihn fragen, warum er nicht mitmachen will. Aber sei ganz lieb und freundlich zu ihm, mache dich auf keinen Fall über seine Zurückhaltung lustig!"

„Das ist doch klar Oma", rief ich empört. „Als ob ich ihm absichtlich Angst einjagen will." „Nein, das natürlich nicht," war ihre Antwort, „aber oft geschieht so etwas unabsichtlich!"

Also rief ich Rainer an. Er war gleich am Telefon. „Hallo Rainer, hier ist Felix. Ich will nur mal nachfragen, wie es dir geht und dich fragen, warum du meinen Traum nicht hören willst." Da erzählte mir Felix, dass sein klei-

ner Bruder sehr krank gewesen sei als Baby. Und er war damals auch noch klein. „Meine Mama war fast nie da und immer in der Klinik bei dem Baby. Ich sollte zu meiner Oma. Aber die wollte mich nicht haben. Ich wurde mal da, mal dort abgegeben und keiner wollte mich haben. Das war sehr schlimm für mich. Ich hatte solche Angst, dass meine Mama nicht zu mir zurückkommt. Und wenn sie dann endlich wiederkam, redete sie nur von meinem kleinen Bruder. Ich war auch dann alleine, wenn sie da war." „Oh, das ist ja schlimm!" Antwortete ich. „Das tut mir sehr leid. Ich verstehe nicht, dass deine Oma dich nicht aufgenommen hat." „Ja, die mag meine Mama nicht. Sie wollte, dass mein Papa eine andere Frau heiratet."

Auf einmal war mir Rainer sehr sympathisch. Sonst fand ich ihn manchmal hochnäsig und angeberisch. Außerdem war er oft in Prügeleien verwickelt.

Jetzt konnte ich ihn richtig gut verstehen. „Später ging meine Mama mit mir zu einer Kinderpsychologin," erzählte Rainer weiter. „Die Psychologin hat gesagt, ich hätte Verlustängste." „Aber bei dem Angstbaum geht es um verschiedene Ängste," erklärte ich. „Ja, ich überlege es mir, ob ich mitmachen will. Gibst du mir etwas Zeit?" „Ja natürlich, rufe mich an, wie du dich entscheidest, egal wie," versuchte ich ihn aufzumuntern.

Wir legten auf, und ich rief wieder Oma an und erzählte von meinem Telefonat mit Rainer. „So was Ähnliches habe ich mir schon gedacht," meinte sie und sagte dann: „Das hast du, glaube ich, sehr gut mit dem Rainer gemacht. Oft werden die Ängste kleiner, wenn wir darüber sprechen können."

Ich sagte aus vollem Herzen: „Oma, du hättest mich nie

so behandelt wie die Oma von Rainer! Ich habe großes Glück, dass ich dich zur Oma habe." Sie lachte: „Ich habe ja auch großes Glück mit dir und Anna-Lena und auch mit deinen Eltern, meiner Tochter und meinem Schwiegersohn, deinen Eltern. Das klappt halt leider nicht immer so gut wie bei uns! Aber du hast Recht, ich verstehe nicht, wie jemand ein hilfloses Kind so alleine lassen kann, egal ob es mit einem verwandt ist oder nicht. In einer Notsituation kommt es immer wieder vor, dass Eltern ihre Kinder alleine lassen oder in die falsche Obhut geben. Auch die eigenen Verwandten sind da nicht immer geeignet. Die haben oft ihre eigenen Päckchen zu tragen und haben keine Kraft, anderen zu helfen."

„Ja und jetzt?" war meine Frage. „Jetzt warte mal ab, wie Rainer sich entscheidet. Ich fände es auch sehr schade, wenn er nicht dabei wäre."

„Gut, warten wir und schlafen eine Nacht drüber," antwortete ich. Vielleicht würde ich wieder von dem Angstbaum träumen. Ich war schon sehr gespannt. Aber Träume lassen sich ja nun mal nicht erzwingen, die kommen und gehen, wie sie wollen…

Und so kam es auch. Jeden Abend vor dem Einschlafen war ich schon ganz aufgeregt, weil ich dachte, die Traumgeschichte bekommt eine Fortsetzung. Aber ich träumte andere wirre Träume, die letztlich wie Schäume zerplatzten und an die ich mich am folgenden Morgen nicht erinnern konnte.

Von Rainer hörte ich länger nichts. Ich wollte bei ihm anrufen, aber Mama meinte, ich solle ihn nicht bedrängen. Auch ihr hatte ich von meinem Traum erzählt. „Lass es lieber ruhen," meinte sie. „Nach meiner Erfahrung lässt sich nichts erzwingen. Vielleicht legt ihr das Thema

Ängste und Angstbaum erst mal zur Seite und wendet euch anderen Themen zu."

Auch in der Chatgruppe wurde es ruhig. Um das Thema Angst schienen die Kinder herumzuschleichen und erst einmal einen Bogen zu machen.

Auf einmal meldete sich Günter. Er sagte, dass er lange mit seinem Onkel über Corona gesprochen habe. Der Onkel arbeitete als Ingenieur für Umwelttechnologie. Seine Meinung sei, dass keiner vor einem Virus Angst haben müsse, wohl aber vor den Menschen, die unsere Umwelt ausbeuten, Tiere wie Waren behandeln und quälen, die Atmosphäre mit zu viel CO_2 belasten und damit den Klimawandel beschleunigen.

In unserer Chatgruppe brachte Günter seine Erkenntnisse ein und viele von uns steuerten eigene Beiträge bei. Wir empörten uns über die grausame Massentierhaltung, die Tiere quält, krank macht und damit auch uns Menschen.

Wenn Tiere so eng zusammengepfercht sind, dass sie sich kaum noch bewegen können, werden sie krank. Und dann springen ihre Viren auf uns Menschen über. Wenn immer wieder Öl ins Meer gelangt, verenden die Meerestiere auf grausame Weise.

Der Klimawandel lässt die Meerwasserpegel ansteigen und dadurch entstehen Überschwemmungen und Unwetter. Menschen werfen achtlos brennende Zigaretten weg und lösen große Waldbrände dabei aus. Viele Tiere sterben dabei und auch manche Menschen. Sie verlieren ihre Häuser und ihr Hab und Gut.

Riesige Kreuzfahrtschiffe verpesten mit ihren Schwerölabgasen die Meere und vertreiben die Meerestiere.

Flugzeuge verbrennen Unmengen Kerosin und schaden damit der Atmosphäre. Autos und Fabrikschlote tragen ihr Übriges dazu bei, unsere Umwelt zu vergiften und zu belasten.

„Das hängt alles miteinander zusammen," sagte Günter. „Und das Virus ist nur ein Teil der ganzen Katastrophe."

Mein Vertrauen in die Erwachsenenwelt war komplett erschüttert. Warum machen sie das? fragte ich. Ja, sie wollen schnell viel Profit machen, sich vergnügen und nur nehmen, nichts geben. Sie wollen Fleisch essen, aber denken nicht daran, wie es dem Tier ging, dessen Fleisch sie gerade essen.

Sie wollen auch nichts vom Schlachten erfahren. Sie wollen um die Welt reisen und dabei jeden Komfort haben. Sie denken nicht an die Menschen, die um das Hotel herum leben und kaum Trinkwasser haben, während sie das Wasser im Swimmingpool und beim ausgiebigen Duschen verschwenden. Sie wollen schnell ans Urlaubsziel kommen und nicht lange mit dem Zug dorthin fahren müssen. Sie wollen schnell von einem Ort zum anderen kommen und das auf bequeme Weise. Sie wollen ihre Produkte in der ganzen Welt verkaufen, weil das mehr Profit bringt. Sie lassen in so genannten Billiglohnländern produzieren und nutzen die Einheimischen schamlos aus. Denen bleibt fast nichts anderes übrig, als in den Fabriken zu arbeiten, weil sie von irgendwas leben müssen.

Sie denken immer nur ans Geld, an ihren Komfort und an ihr Vergnügen. Und es gibt eine riesige Industrie, die das auch noch befeuert. Weil die wieder daran Geld verdient. So werden Bedürfnisse in uns geweckt, die wir sonst gar nicht hätten.

„Aber die Menschen in meiner Familie denken anders," gab ich zu bedenken. „Ja und nein! Ihr habt auch ein Auto oder zwei, ihr seid auch schon in den Urlaub geflogen, ihr esst auch viel Fleisch, ihr wollt auch möglichst viel für möglichst wenig Geld bekommen!" lautete Günters Antwort.

Günters Onkel hatte wirklich Recht. Nicht vor einem kleinen Virus müssen wir Angst haben, aber vor den Menschen!

Mir schwante auch, dass wir Kinder das einmal ausbaden müssen, was die Menschen vor uns angerichtet haben. Das fand ich unerhört! Andererseits gab es ja auch eine starke Bewegung, die von einer schwedischen Klimaaktivistin ausging, die uns alle dazu aufruft, endlich umzudenken.

Und mich packte eine große Wut. Warum richtet ihr Erwachsenen so viel Schaden an und nehmt uns unsere Kindheit weg?

Und wenn wir später erwachsen sind, müssen wir mit all den Folgen leben, die ihr angerichtet habt!

4. Kapitel: Das Mädchen mit dem Coronahütchen

In der folgenden Nacht träumte ich wieder. Der Angstbaum war nicht mehr zu sehen, aber dafür traf ich auf der gleichen Wiese, auf der ich den Angstbaum getroffen hatte, ein Mädchen mit einer seltsamen Kappe. Das Mädchen begrüßte mich. Ich begrüßte sie auch und fragte, wer sie sei. „Ich bin das Virus," antwortete sie. „Was?" „Ja, auf meiner Kappe trage ich das Viruszeichen. Schau mal!" Sie neigte ihren Kopf, so dass ich das Coronazeichen, den stacheligen Gesellen, auf ihrer Kappe erkannte. Tatsächlich!

Mir klopfte das Herz bis zum Hals. „Und was machst du hier?" Brachte ich stammelnd hervor. „Ich verbreite mich und damit auch Krankheit, Tod und Ängste." „Wie schrecklich! Warum tust du das?" Fragte ich. „Ich bin geschickt worden von der Mutter Natur. Lange haben wir zugesehen, wie die Menschen die Natur zerstören und keine Warnungen ernst nahmen. Jetzt hatte die Mutter Natur genug und mich losgeschickt, damit ich die Menschen wachrüttele und sie zum Umdenken bewege. Mit anderen Worten: die Natur schlägt zurück!"

„Wir Kinder leiden unter dir und die Großen auch! Kannst du uns nicht wieder in Ruhe lassen?" flehte ich sie an. „Erst dann, wenn ihr endlich aufwacht und euer Verhalten ändert." „Was sollen wir tun?" Fragte ich verzweifelt. „Das ist ganz einfach: ihr müsst damit aufhören, die Natur zu quälen und auszubeuten. Dazu gehören die Erde, die Luft, das Wasser, die Pflanzen und natürlich die Tiere.

Ihr müsst euren Egoismus überwinden und begreifen, dass ihr die Natur nicht zerstören, sondern erhalten und pflegen müsst.

Die Natur hat euch so viel geschenkt, und ihr tretet sie mit Füßen. Ihr missachtet alle Warnungen und macht einfach so weiter wie bisher. Die Natur hat viel Nachsicht mit euch gehabt, aber jetzt ist sie mit ihrer Geduld am Ende.

Sie hat nicht nur mich geschickt. Vorher hat sie auch schon andere Viren in Umlauf gesetzt.

Sie hat Tornados, Überschwemmungen, große Brände, Dürre und Hungerkatastrophen über euch gebracht.

Aber ihr kapiert es einfach nicht. Ihr wisst es schon, aber ihr verdrängt es immer wieder und wollt es nicht wahrhaben. Ihr meint, euch trifft es nicht, nur die anderen Völker. Aber das stimmt nicht.

Im Frühling 2020 hat die Natur mich zuerst losgeschickt. Da habt ihr besser reagiert als in der zweiten Welle im Herbst und Winter. Ihr habt alles zugemacht und euch auf euch selbst besonnen. Die Natur konnte sichtlich aufatmen. Es ging ihr wieder besser. Also hat sie mich zurückgeholt und war zuversichtlich, dass ihr ihre Botschaft verstanden habt. Aber kaum habe ich mich zurückgezogen, habt ihr erneut die Natur mit Füßen getreten.

Eure Reiselust und Vergnügungssucht sind schlimm. Mit dem Flugzeug da und dorthin fliegen, sogar in die Risikogebiete, feiern bis zum Umfallen, wieder nur Konsum und oberflächliches Vergnügen! Wieder so viel Billigfleisch essen, das von gequälten Tieren stammt, immer das Gleiche. Jetzt hat die Natur noch ärger zurückgeschlagen! Ich ziehe mich erst dann zurück, wenn die Menschen endlich zur Vernunft kommen und ihr Verhalten nachhaltig ändern."

„Aber wir haben doch schon viel gemacht: die AHA-Regeln beachtet, dann den Lockdown und viele Dinge mehr," entgegnete ich.

„Das sind nur hilflose Versuche," antwortete das Virus. „Diese Versuche greifen nur kurz. Das ist so, wie wenn ihr eine Krankheit mit einer Medizin bekämpft, aber viel zu früh wieder das Krankenbett verlasst und in alte Gewohnheiten zurückfallt, die euch krank gemacht haben. Das reicht einfach nicht! Ihr müsst langfristige Verhaltensänderungen herbeiführen. Ein Mensch, der es verstanden hat, muss seine Mitmenschen überzeugen. Das ist dann ein wirksames Gegenmittel: das Gegenmittel der Vernunft und Achtsamkeit. Dieses Mittel allein kann mich besiegen und auch andere Viren, die nach mir kommen.

„Meinst du damit die Impfung?" Fragte ich neugierig. „Ja, schon, aber die Impfung alleine kann es nicht schaffen. Da gehört viel mehr dazu. Immerhin haben sich schon einige Menschen bei euch Gedanken gemacht und versucht, die Katastrophe abzuwenden. Aber das reicht alles nicht. Diese einsichtigen Menschen wurden dann sogar von anderen ausgelacht, beschimpft und bedroht. Das hat sie geschwächt und ihnen die Energie geraubt. Ich gehe jetzt zum Angstbaum. Den werde ich gießen so lange, bis er viele Früchte trägt."

„Dem bin ich neulich schon begegnet," antwortete ich aufgeregt. „Solange die Menschen so unbelehrbar sind, brauchen wir die Angstfrüchte, um mehr Schaden von der Mutter Natur abzuwenden. Angst ist zwar ein schlechter Ratgeber, aber manchmal wirkt Angst wie ein heiliger Schreck, der die Menschen vor größerem Unheil bewahrt. Ich muss jetzt weiter, Felix. Es hat mich gefreut, dich kennengelernt zu haben. Mach's gut!"

Dann war das Mädchen mit dem Virus auf dem Kopf verschwunden. Und ich wachte auf mit pochendem

Herzen und schweißnassen Händen.

Sofort schrieb ich meinen Traum auf. Ich hatte mir schon einen Block und einen Stift bereitgelegt. Der Traum war auf der einen Seite gruselig und enthielt andererseits doch auch einen Hoffnungsschimmer.

Wir können befreit werden, wenn wir das heilsame Gegenmittel finden und unter uns verbreiten.

5. Kapitel: Opa mischt sich ein

Aufgeregt rief ich bei Oma an. Aber sie war nicht am Telefon, sondern Opa. Ich war offen gesagt, ein bisschen enttäuscht. Nicht, dass ich Opa nicht mag. Aber er war immer sehr ruhig und hielt sich eher im Hintergrund auf.

Er ist einige Jahre älter als Oma und auch nicht mehr so fit wie sie. Oft brauchte er ein Mittagsschläfchen und viel Ruhe. „Ist Oma da?" Fragte ich. Hoffentlich bemerkt er nicht meine Enttäuschung, dachte ich mir im Stillen. Aber Opa hatte feine Antennen. „Leider nicht, Felix! Sie ist zu ihrer Freundin Gundi gefahren. Der geht es nicht gut." „Wann kommt sie wieder?" „Weiß ich nicht, Felix.

Aber.." Er räusperte sich. „Vielleicht kann ich dir ja auch mit Rat dienen. Um was geht es denn?" Ich zögerte eine Weile. Ich war nur sehr selten zu ihm gegangen, wenn ich etwas auf dem Herzen hatte. Aber da ich fast platzte vor Mitteilungsdrang, erzählte ich, dass ich von dem Mädchen mit dem Coronahütchen geträumt hatte.

Opa lachte laut. So habe ich ihn noch nie lachen hören. Es klang wie eine dröhnende Sirene.

Ich musste kichern. „Was hast du denn für eine Lache, Opa?" „Meine Lache, ich weiß auch nicht… Aber… das mit dem Coronamädchen finde ich klasse. Solche Träume enthalten Botschaften, das ist doch klar! Ich finde, sie hat vollkommen Recht. Das hätte alles von mir stammen können." „Wie meinst du das, Opa?" „Na, sie redet von Mutter Natur, die wütend ist auf die Menschen. Das kann ich nur unterstreichen. Heute sind die Menschen so verwöhnt und wollen auf nichts verzichten. Das ist sogar in meiner Generation so. Die Alten reisen herum und fliegen um die Welt, als würden sie sonst was verpassen. So ein Quatsch! Und dann bekommen sie alle

möglichen Krankheiten von der Reiserei! Sie kaufen sich E-Bikes und fahren halsbrecherisch durch die Gegend, als wären sie noch jung und fit. Sie wollen Ski fahren und brechen sich sämtliche Knochen. Ha!" Er lachte wieder laut auf. „Sie verdrängen, dass sie schon alt sind und auch nicht unsterblich. Weißt du Felix, als ich so alt war wie du, war Krieg. Wir wurden ausgebombt, mussten dann im dunklen, schimmeligen Keller wohnen und hatten kaum was zu essen. Wir hatten immer Angst um unseren Vater, der im Krieg war. Das war wirklich schlimm. Was ist heute schlimm? Dass wir uns mal eine Weile zurückziehen müssen, die Maske aufsetzen und nicht so viel reisen dürfen. Wir haben alle ein Dach über dem Kopf, genug zu essen und medizinische Versorgung. Das ist Jammern auf hohem Niveau! Ich könnte mich so aufregen über die Menschen! Die sollten wirklich mal das erleben, was ich als Kind und auch noch später erlebt habe. Dann würden sie zur Besinnung kommen. Wer wirklich zu bemitleiden ist, sind die Kranken und Ärzte und das Pflegepersonal. Vor den Ärzten und den Pflegekräften ziehe ich meinen Hut. Aber dieses Jammern der sogenannten Querdenker! Ich würde sie alle auf eine einsame Insel schicken. Sollen sie doch da ihren eigenen Staat gründen."

Ich fand es auf einmal sehr interessant, mit Opa zu reden. „Erzählst du mir vom Krieg, Opa?" „Ach Felix, das will ich lieber vergessen. Ich hatte gar keine schöne Kindheit. Und ich fühlte mich immer dazu berufen, meine Mutter zu trösten und für sie der kleine starke Mann zu sein.

Sie war oft so verzweifelt. Einmal habe ich sogar in einem Laden Zucker geklaut für meine Mutter. Gott sei Dank ist das nicht aufgeflogen. Sonst hätte sie dafür eine harte Strafe bekommen, vielleicht hätte sie sogar ins Gefängnis gemusst. Und als mein Vater wieder zurückkam, war es auch schwer. Er hatte im Krieg ein Bein verloren. Meine Mutter, deine Urgroßmutter, hat Übermenschliches geleistet in dieser Zeit. Sie musste uns ernähren und auch noch den Haushalt versorgen. Mein Vater war zu fast nichts mehr zu gebrauchen. Er saß nur herum und war deprimiert." „Wie hat sie euch ernährt?" Fragte ich nach. „Während des Krieges musste sie in der Rüstungsfabrik arbeiten. Dann war sie Trümmerfrau und räumte die Trümmer beiseite. Später hat sie als Sekretärin bei einer großen Firma gearbeitet. Sie konnte gut Englisch, und das war damals eine Seltenheit. Mein

Vater hat es nicht verkraftet, dass seine Frau so stark und tüchtig war und hat angefangen, Alkohol zu trinken. Er ist dann ziemlich früh gestorben. Er hat auch immer wieder die Lebensmittelmarken in Rauchermarken umgewandelt, und dann hatten wir nichts zu essen. Ich kann mich noch an manchen Streit meiner Eltern erinnern, als herauskam, dass mein Vater wieder Zigaretten rauchte. Natürlich war ich immer auf der Seite meiner Mutter. Ich wollte sie vor diesem Mann beschützen, der angeblich mein Vater war.

Aber nach dem Krieg ging es schnell bergauf. Die Amerikaner halfen uns, und die Deutschen arbeiteten wie die Wilden. Da kam der Wohlstand dann schnell zurück. Du hast vielleicht schon einmal vom deutschen Wirtschaftswunder gehört?" Nein, hatte ich noch nicht.

Er fuhr fort: „Ich bin auch ein bisschen stolz auf das, was unsere Eltern da geschaffen haben nach dem Krieg. Na, bei uns war es die Mutter. Mein Vater war ja nicht so erfolgreich, im Gegenteil!"

„Opa, neulich in der Chatgruppe hat ein Mädchen erzählt, dass ihr Papa böse Mails bekommt, weil er als Arzt die Menschen zur Vorsicht aufruft." „Ja, sowas regt mich furchtbar auf. Wir müssen doch froh sein, dass wir Menschen haben, die sich mit dem Virus auseinandersetzen und uns aufklären. Ich höre immer die Podcasts und habe sehr viel dabei gelernt.

Viele Menschen wollen einfach nicht ihr altes Leben aufgeben und auf nichts verzichten. Die Natur hat schon aufgeatmet nach dem ersten Lockdown. Da wurde viel weniger CO_2 ausgestoßen und die Natur konnte sich etwas erholen. Aber kaum war das Virus ein bisschen schwächer, haben die Politiker wieder gelockert und schon ging es wieder los mit dem Herumfliegen und Herumreisen. Wir haben es hier doch auch schön. Du hattest einen sehr klugen Traum Felix. Der enthält sicherlich einige Botschaften!"

„Meinst du, ich soll ihn der Chatgruppe erzählen?" „Ja klar, warum denn nicht?" „Oma meint, ich muss auf die sensiblen Kinder in der Gruppe Rücksicht nehmen," warf ich ein.

„Auf diese Kinder nahmen die Erwachsenen früher auch selten Rücksicht. Ich war auch ein sensibles Kind. Aber da ging es ums nackte Überleben. Wir können nicht immer die Käseglocke über alle Schwachen hängen. Wer soll denn dann bei der Lösung helfen? Ich glaube auch, dass manche ihre Empfindlichkeit verlieren, wenn sie ihren Verstand einsetzen und bei der Lösung mithelfen. Das gibt ihnen Mut und Selbstvertrauen. Wichtig ist, dass die Familien in solch schwierigen Zeiten zusammenhalten. Das ist es, was wirklich zählt. Aber besprich das mit Oma, wenn sie wieder kommt."

„Ach, ich glaube, das ist gar nicht nötig, Opa. Ich fand es gut, mit dir zu reden." „Das freut mich Felix! Ich habe mich auch gerne mit dir unterhalten. Rufe mich ruhig wieder an! Jetzt muss ich mich mal ums Mittagessen kümmern. Oma wird sich freuen, wenn ich schon vorgekocht habe. Tschüs Felix!" „Tschüs Opa und danke!" „Wofür?" „Für dein offenes Ohr!" „Ach so, sehr gerne!" Opa lachte wieder sein besonderes Lachen, das mich diesmal an meinen Teddybären erinnerte, wenn ich ihm auf den Bauch drückte.

6. Kapitel: Ängste überwinden

Ich wollte gerade in der Chatgruppe von meinem Traum erzählen, da klingelte das Telefon. „Hallo? Hier ist Rainer." „Hallo, wie geht es dir?" begrüßte ich ihn munter. „Das wollte ich dir gerade sagen, mir geht es besser. Ich war wieder mit Mama bei der Kinderpsychologin. Du weißt, wegen meiner Verlustangst. Ich habe der Psychologin von uns und der Chatgruppe erzählt und dass alle auf deinen Traum warten. Ich sagte, dass sie auf mich Rücksicht nehmen wegen meiner Angst.

Das fand die Psychologin sehr nett von euch und meinte, dass wir unter unterschiedlichen Ängsten leiden je nach Erfahrung. Das Problem ist, dass andere Menschen nicht nachfühlen können, warum wir Angst haben, denn sie haben ja nicht das Gleiche erlebt. Allerdings gibt es sehr oft ähnliche Erfahrungen und damit auch ähnliche Ängste. Aber jetzt mit Corona haben wir eigentlich alle eine gemeinsame Angst, natürlich mehr oder weniger ausgeprägt.

Angst gehört einfach zum Leben dazu und beschützt uns auch vor Gefahren. Ein kleines Kind kennt zum Beispiel keine Angst vor Feuer oder tiefem Wasser und kann dann verunglücken. Also schützt die Angst uns vor Gefahren und ist damit auch wichtig und nützlich. Nur wenn es unbegründete Ängste sind, sollten wir versuchen, sie zu überwinden oder zumindest zu verringern."

„Wie kann das geschehen?" Fragte ich neugierig. „Heute ist Mama für mich da, damals konnte sie es nicht wegen meines kleinen Bruders, der sehr krank war. Heute kann ich das verstehen und sogar Mitleid mit Mama haben. Damals war ich zu klein, um das zu verstehen. Aber es lag nicht an Mama, sondern an den anderen Menschen, die mich nicht wollten. Die hatten vielleicht eigene Sorgen und keine Zeit für mich. Heute verstehe ich mich ganz gut mit meiner Oma. Die wohnt ja neben uns. Sie redet zwar nicht von früher, aber sie bemüht sich um mich. Sie bringt mir oft selbst gebackenen Kuchen vorbei oder schenkt mir etwas, von dem sie meint, dass es mir gefällt. Heute ist meine Angst unbegründet und dadurch kleiner. Ganz weg geht sie wohl nie, weil sie in mein Unterbewusstsein vorgedrungen ist. Aber mein Verstand kann mich heute davor bewahren."

„Das klingt einleuchtend," antwortete ich. Rainer wurde mir immer sympathischer. Er sprach weiter: „Wenn ich mich mit anderen Kindern geprügelt habe, habe ich das gemacht, weil ich Angst hatte, sie mögen mich nicht. Das habe ich nicht ausgehalten und nur noch die heiße Wut gespürt und dahinter auch Trauer und Angst, dass ich wieder ganz alleine bin wie damals."

„Ja, das verstehe ich," antwortete ich und fuhr fort: „Ich finde es nicht so schlimm, wenn mich nicht alle mögen. Ich hätte ja gar keine Zeit, mich mit vielen Freunden zu treffen. Das wird dann wieder anstrengend."

„Genau, das stimmt!" Lachte er. „Jedes Ding hat zwei Seiten. Manchmal will ich auch in Ruhe in meinem Zimmer spielen, dann nervt es mich, wenn schon wieder der Nachbarsbub klingelt und was von mir will. Ich habe zwar nichts gegen ihn, aber er kommt ständig und hängt an mir wie eine Klette. Das gefällt mir dann auch nicht."

„Also Rainer, soll ich jetzt den Traum erzählen in der Gruppe?" „Ich bin sogar sehr neugierig darauf," war seine Antwort.

Und er ergänzte: „Vielleicht kann ja der Angstbaum seine Angstfrüchte loslassen, wenn die Ängste es schaffen, ihre dahinterstehenden Erlebnisse zu überwinden." Dem konnte ich nur zustimmen. Mein Traum und die Wirklichkeit schienen etwas miteinander zu tun zu haben, da war ich mir ganz sicher.

7. Kapitel: Eine druckreife Traumgeschichte

Mama ermahnte mich, dass ich noch gar nicht meine Hausaufgaben erledigt hätte. „Ja ja, mache ich schon!" Murrte ich. Diese Aufgaben gingen mir ganz schön auf die Nerven. Rechnen und abschreiben, das war alles viel weniger spannend als meine Geschichte. Und ich hatte mir vorgenommen, meinen Traum aufzuschreiben, bevor ich ihn an die Öffentlichkeit bringe.

Nach dem Mittagessen fragte Mama, ob wir mit ihr in den Wald gehen wollen. Ein bisschen spazieren und den Kopf auslüften: Das machten wir manchmal und es war jedes Mal interessant, denn Mama kannte sich sehr gut mit Bäumen, Sträuchern und Pilzen aus. Sie engagierte sich neben ihrem Beruf als Sekretärin für den Umweltschutz und war auch fest davon überzeugt, dass der Klimawandel und die Pandemie miteinander zusammenhängen.

Wenn sie kranke Bäume im Wald sah, war sie sehr besorgt und hielt uns lange Vorträge über das Waldsterben. Das hatte mich manchmal eher gelangweilt und ich hatte nur mit halbem Ohr zugehört. Aber jetzt fand ich spannend, was sie über CO_2- Ausstoß und Borkenkäfer zu berichten wusste. Wenn die Bäume durch CO_2 und Dürre geschwächt werden, hat der Borkenkäfer leichtes Spiel und kann dem Baum den Rest geben. Am empfindlichsten sind Nadelbäume, vor allem Fichten. Deshalb sollten wir mehr Mischwälder anlegen und widerstandsfähige Bäume pflanzen. Manche Pflanzen sind geradezu unverwüstlich und vermehren sich trotz CO_2 sehr schnell. Leider lösen sie manchmal Allergien aus auch bei sonst gesunden Menschen.

Während des Spaziergangs erzählte ich Mama von meinem Traum. Sie lauschte sehr interessiert und sagte: „Das ist ja eine spannende Geschichte. Schreib sie dir auf!"

Das tat ich, als wir wieder zu Hause waren. Zuerst tat ich mich schwer und ich kaute immer wieder an meinem Stift, aber auf einmal gelang es mir, meine Traumerlebnisse zu Papier zu bringen. Wie gut, dass ich schreiben gelernt hatte. Rechtschreibfehler waren egal, ich wollte die Geschichte ja nur vorlesen.

Am Abend hatte ich fast vier Din A 4 Seiten auf meinen Kieserblock geschrieben. Das würde meine Lehrerin freuen, denn oft hatte sie unter meine Aufsätze geschrieben, ich könne ruhig etwas mehr und ausführlicher schreiben. Das fand ich schwierig, denn es war meist nicht mein Thema, worüber ich schreiben sollte. Aber jetzt war es meine Geschichte, mein Traum, meine Traumgeschichte…

Ich hatte zwei Träume erlebt, den vom Angstbaum und den vom sprechenden Virus. Der Angstbaum kam in meinem zweiten Traum auch vor, also konnte ich meine beiden Träume miteinander verbinden.

Ich fing so an: Ich hatte einen Traum. Der handelte von einem Angstbaum. In meinem zweiten Traum erlebte ich ein sprechendes Virus, das auch den Angstbaum kannte.

Nach getaner Arbeit ging ich zu Anna-Lena und bat sie, meine Geschichte zu lesen und Korrekturen anzubringen. Ich wusste, dass sie ganz gut Aufsätze schreiben konnte. Sie wimmelte mich nicht ab, sondern machte sich gleich an die Korrektur. „Soll ich es dir in den PC tippen und dann ausdrucken?" Fragte sie. „Au ja! Wie findest du die Geschichte?" Fragte ich gespannt. „Bis auf kleine Fehler sehr gut. Fast schon druckreif!" war ihre Antwort. „Danke, Anna-Lena!" Ich umarmte sie stürmisch. „Ist schon gut, Kleiner, das mache ich gerne für dich!"

Nach kurzer Zeit hatte ich das fertig ausgedruckte Exemplar vor mir. Nun ging es ans Vorlesen. Ich übte zuerst mit Mamas Handy meine Aufnahme, denn auch das Vorlesen will geübt sein. Wie oft wurde in der Schule eine schöne Geschichte durch ein eintöniges oder stockendes Vorlesen vermasselt.

Da kam manchmal eine Frau zu uns in die Schule, die sehr gut vorlesen konnte. Wir lauschten ihr teils mit offenen Mündern. Sie konnte die Stimmen so gut verstellen, mal tief und mal hoch, dann wieder legte sie Sprechpausen ein, um die Spannung zu steigern. Mal flüsterte sie, dass wir sie kaum verstehen konnten, dann wieder sprach sie sehr laut mit donnernder Stimme, dass wir uns fast die Ohren zuhalten mussten. So ähnlich wollte ich es jetzt auch versuchen.

Und siehe da, nach anfänglichem Räuspern und Stammeln geriet ich in einen passablen Lesefluss, der meine Geschichte spannend und lebendig erscheinen ließ, wie ich selbstbewusst feststellte.

Es war nicht von außen gefordert: wenn du schön vorliest, bekommst du eine gute Note, sondern es kam aus mir heraus. Ich wollte, dass meine Geschichte in der Chatgruppe gut ankam.

Und sie kam gut an…

Die erste Reaktion kam von Karla, die sich sonst eher zurückhielt. „Wow, eine spannende Geschichte. Und das hast du wirklich geträumt?"

Annemarie fragte: „Kann ich die Geschichte heute meinen Geschwistern vorlesen?"

Günter meinte: „Du kannst das besser als Frau Sonnenberger, unsere Vorleseoma!"

Rainers Kommentar: „Wie gut, dass ich diese Geschichte hören konnte. Ist es okay, wenn ich sie meiner Kinderpsychologin erzähle? Die interessiert sich sehr für Träume und hat darüber schon geforscht."

Auch die anderen Kinder zeigten sich überrascht und berührt.

Pauline wünschte sich, dass sie auch so spannende Träume erleben kann. Ich erklärte, dass wir die Träume oft vergessen und sie deshalb schnell aufschreiben sollten nach dem Aufwachen, damit sie uns nicht verloren gehen.

8. Kapitel: Ein Traum bekommt Junge…

Kaum zu glauben, aber wahr…Die Kinder in unserer Chatgruppe träumten auch…

Hier ist der Traum von Pauline:

Ich war auch auf der großen Wiese und war aber ganz alleine. Da kam ein kleines Schwein, ein Ferkel auf mich zu und sagte mit flehender Stimme:„Bitte hilf mir! Nimm mich mit, ich bin geflohen aus einem Stall mit ganz vielen Schweinen! Meine Mama und meine Geschwister wurden schon abgeholt zum Schlachten. Dabei sind meine Geschwister noch so klein und brauchen meine Mama noch." Ich fand das sprechende Schwein goldig und hatte Mitleid mit ihm. So nahm ich es auf den Arm und trug es nach Hause. Dort versteckte ich es im Schuppen und gab ihm immer zu essen.

Aber natürlich bemerkte es meine Mama und war entsetzt. Sie wollte das Schwein nicht behalten. So brachte ich es schweren Herzens wieder auf die Wiese. Da begegnete mir das Mädchen mit dem Coronahütchen und lachte mich freundlich an. „Gib mir das Schweinchen," sagte sie. „Ich bringe es zu einem Bauern, wo es ein gutes Tierleben hat, bis es später einmal geschlachtet wird. Aber das nur von einem tierlieben Menschen, der dafür sorgt, dass es nicht leiden muss." „Wirklich?" „Du kannst mich ruhig gehen lassen," beruhigte mich das Schweinchen. „Ich will zu meinen Geschwistern und zu meiner Mama. Die sind auch bei dem tierlieben Bauern. Da geht es mir besser als bei dir im Schuppen." „Meinst du?" fragte ich zweifelnd. „Ganz sicher! Tschüs!" Und das kleine Schweinchen verschwand.

Das Mädchen mit dem Coronahütchen sagte zu mir: „Erzähle die Geschichte weiter und sage den Menschen, sie sollen die Tiere gut behandeln und niemals quälen."

Pedros Traum

Pedros Großeltern kamen vor vielen Jahren aus Italien nach Deutschland, um dort zu arbeiten. In Italien lief die Wirtschaft noch nicht so gut, und so sahen sich manche Italiener gezwungen, als so genannte Gastarbeiter in Deutschland Geld zu verdienen. Mittlerweile waren Pedros Großeltern wieder nach Italien gezogen ans Meer in die Nähe von Venedig.

Pedro erzählte von den Kreuzfahrtschiffen, die in Venedigs Hafen einlaufen und dort sehr viel Unheil anrichten. „Sie sehen gespenstisch aus, sind riesig groß und höher als die meisten Häuser. Sie lassen Unmengen Ab-

gase ab, verpesten das Wasser und sind mit dafür verantwortlich, dass es in Venedig so oft Hochwasser gibt. Es sind richtige Ungetüme, die Angst machen und die Einheimischen in ihrem Wohlbefinden sehr stören. Viele Touristen werfen ihren Abfall einfach achtlos ins Meer: Plastiktüten, Dosen und anderen Müll. Das wird dann angeschwemmt und muss wieder entsorgt werden".

Und das träumte er: Der Kapitän so eines Kreuzfahrtschiffes bekam eines Nachts Besuch von unserem Coronamädchen.

Es sagte zu ihm: „Entweder du suchst dir einen anderen, sinnvollen Beruf, oder ich mache euch alle krank!" Dem Kapitän war nicht wohl bei dieser Vorstellung, aber er dachte an das schöne Geld, das er als Kapitän verdiente. „Das kann ich leider nicht," antwortete er. „Ich muss schließlich meine Familie ernähren. Und auf das Gehalt als Kapitän kann und will ich nicht verzichten." „Kannst du schon! Ich helfe dir bei der Suche nach einem anderen Beruf," war die Antwort des Mädchens. „Tut mir leid, Geld regiert nun mal die Welt," entgegnete der Kapitän. „Dann muss ich euch eben einen Denkzettel verpassen!" Rief das Mädchen. Der Kapitän lachte es aus: „Du kleiner Wicht, was bildest du dir ein?"

Aber das Mädchen hielt Wort. Es schickte das Virus auf das Schiff und fast alle Passagiere wie der Kapitän wurden krank. Das Schlimme war, dass sie nirgends eine Landerlaubnis bekamen. Und so schipperte das Kreuzfahrtschiff von Stadt zu Stadt, bis es endlich anlegen konnte und die Passagiere ärztlich versorgt wurden. Einige von ihnen wurden sehr krank und starben später sogar.

Der Kapitän kam mit einer leichten Infektion davon. Als

er wieder zu Hause bei seiner Familie war, wurde er sehr nachdenklich. Hätte er nur auf das Mädchen gehört! Nun mussten so viele Menschen ihr Leben lassen oder mit den Folgen der Krankheit weiterleben. Wie konnte ich nur so dumm sein? Klagte er sich an.

Eines Tages erschien das Mädchen wieder bei ihm. „Da bist du ja wieder," begrüßte er das Mädchen. „Was kann ich nur tun, um meinen Fehler wieder gut zu machen?" „Ich freue mich, dass du aus deinem Fehler gelernt hast, deshalb will ich dir einen Ausweg zeigen. Du kannst auf

deinem Schiff Flüchtlinge aufnehmen, die sonst in Zelten leben müssen und große Not leiden." „Das mache ich!" Rief der Kapitän. „Hauptsache ist, dass ich endlich einen sinnvollen Beruf habe."

Und so kam es. Er suchte einen abgelegenen Hafen, wo

er das Schiff hinsteuerte und verankerte. Dort wurden die Flüchtlinge aufgenommen, die endlich ein Dach über dem Kopf hatten, sich in der Küche selbst versorgen und wieder Hoffnung schöpfen konnten.

Andere Kreuzfahrtkapitäne folgten seinem Beispiel. Viele Politiker und Politikerinnen ließen Gelder fließen, um die Kreuzfahrtschiffe aus dem Verkehr zu ziehen und zu einem sicheren Zufluchtsort für Flüchtlinge zu machen.

Sebastians Traum

In meinem Traum begegnete mir nicht das Coronamädchen, aber dafür ein Borkenkäfer.

Er war ziemlich groß, hatte einen dicken Bauch und konnte nur mühsam laufen. „Hallo, wer bist du denn?" Fragte ich ihn erstaunt. „Ich bin Bodo, der Borkenkäfer. Von meiner Gattung gibt es immer mehr Gesellen, seit so viele Bäume krank sind. Da haben wir mehr als genug zu fressen."

„So siehst du aus," lachte ich ihn aus. „Du kannst ja kaum noch laufen, so dick bist du!" Er sah mich betrübt an: „Lache mich nicht aus, ich bin schon krank vom vielen Fressen und habe wahrscheinlich nicht mehr lange zu leben." „Das tut mir Leid," gab ich reumütig zu. „Entschuldige bitte, ich wollte dich nicht kränken. Warum frisst du denn so viel, wenn es dir nicht gut tut?"

Er antwortete: „Du kennst doch sicher das Märchen vom Schlaraffenland. Da essen die Menschen auch viel mehr, als sie vertragen können. Aber das viele Essen verlockt sie und sie werden süchtig danach. Sie können nicht mehr aufhören zu essen und werden davon krank. So ist das bei mir auch. Es gibt einfach zu viele Rinden von kranken Bäumen, die uns gut schmecken. Bei euch Menschen ist das doch auch so. Du kennst doch sicher auch jemanden, der viel mehr isst, als ihm bekommt." Ich dachte nach. Ja, da gab es eine Tante Erika in unserer Verwandtschaft, die aß so gerne Kuchen und Sahneeis. Davon bekam sie die Zuckerkrankheit und wurde sogar blind davon.

„Wie kann ich dir denn helfen?" Fragte ich. „Früher gab es nicht so viele kranke Bäume. Da mussten wir uns unsere Nahrung mühsam zusammensuchen und hatten oft tagelang gar nichts zu fressen. Das war aber besser, denn wir wurden nicht dick und krank. Wir hatten viel mehr Bewegung und fraßen viel weniger. Weil ihr Menschen die Atmosphäre mit Abgasen verpestet, werden

die Bäume davon krank. Eigentlich können Bäume einiges an verbrauchter Luft vertragen, aber es war einfach zu viel. Mir tun die Bäume eigentlich leid, deren Rinde mir so gut schmeckt," meinte der Borkenkäfer. Und er fuhr fort: „Das sind doch auch Lebewesen. Sie wirken wie eine grüne Lunge für euch und sind die Heimat für viele Waldtiere. Ich verstehe euch nicht. Wie könnt ihr eure Wälder so zugrunde richten?!"

„Es gibt schon Menschen, die das nicht wollen und sich sehr stark dafür machen," war meine Antwort. „Aber leider sind sie in der Minderheit. Wir sind aber halt ein Industrieland und dafür brauchen wir Flächen für die Fabriken."

„Aber ihr zerstört ja auch viel Waldfläche, baut Autobahnen und verpestet beim schnellen Fahren die Luft," seufzte Bodo. „Ihr seid schon seltsame Wesen, die es immer so eilig haben. Warum hetzt ihr euch alle so ab?" So ein kluger Käfer, dachte ich mir. Aber mir wurde auch bewusst, dass ich alleine es nicht schaffen würde, ihn von seiner Fresssucht zu befreien. Dafür musste erst der Wald wieder gesund werden.

„Du hast Recht, Bodo! Ich wünsche dir alles Gute!" sagte ich. „Erzähle von mir und vergiss mich nicht," antwortete er traurig und verschwand genauso schnell, wie er gekommen war.

Sabines Traum

Ich begegnete dem Coronamädchen auf einer Wiese und sah, dass sie überall ihre Viren verstreute wie aus einem Pfefferstreuer.

„Was machst du da?" Fragte ich sie erschrocken. „Höre damit auf, die Viren zu verstreuen. Die tun uns nicht gut und machen uns krank!" Sie hielt inne und sah mich belustigt an. „Ich höre dann auf zu streuen, wenn ihr endlich zur Vernunft kommt." „Was sollen wir denn tun?"

Jammerte ich verzweifelt. „Das wisst ihr Menschen ganz genau! Ihr wisst es und richtet doch die Mutter Natur zugrunde, weil ihr so egoistisch seid und nicht begreift, dass ihr nur zeitweise auf dieser Erde lebt. Die Natur gehört euch nicht, ihr dürft nur eine Weile mit ihr leben. Sie schenkt euch so viele Schätze und ihr nehmt ihre Geschenke nicht an, ihr trampelt auf ihr herum und tretet sie mit Füßen! Jetzt hat sie genug und wehrt sich mit aller Macht. Dabei ist sie im Grunde ihres Herzens so gutmütig."

Das Coronamädchen streute weiter mit verbissenem Gesichtsausdruck. „Was sollen wir nur tun? Bitte höre doch auf zu streuen!" Flehte ich sie an. „Zuerst sollt ihr euch einmal Zeit nehmen! Zeit, um innezuhalten, Zeit, um nachzudenken, Zeit, um das Gebot der Stunde zu erkennen. Die Zeit bekommt ihr, wenn ihr das Virus bekommt. Dann müsst ihr euch einfach die Zeit nehmen. Die Zeit alleine reicht natürlich nicht, ihr müsst auch zur Besinnung kommen. Wieso jagt ihr immer nur dem Geld nach? Das Geld nützt euch nichts, wenn ihr krank werdet. Das müsst ihr endlich begreifen. Gesundheit könnt ihr euch nicht einfach kaufen. Diese Krankheit erwischt alle, die Armen und die Reichen. Und sie ist so ansteckend, damit ihr endlich mehr aufeinander achtet und nicht nur an euch selbst denkt.

An euch nagen die Zeitfresser. Das sind kleine graue Gestalten, die euch unter Druck setzen, euch die Ruhe und Besinnung rauben. Die müsst ihr bekämpfen."

Auf einmal war das Mädchen verschwunden. Was sie wohl meinte mit den Zeitfressern? Da waren auf einmal lauter kleine graue Gesellen: sie haben das Leben vieler Kinder fest im Griff. Wenn sie in der Schule noch Zeit brauchen, um eine Aufgabe zu lösen, nisten sie sich in ihren Köpfen ein und setzen sie unter Druck. Das wiederum führt zu Angst und Schrecken. Wenn die Kinder versunken und konzentriert spielen, heißt es, schnell, beeile dich, du kommst du spät. Wenn sie mit ihren Eltern reden oder spielen wollen, heißt es: keine Zeit!

Die Zeitfresser sind wirklich üble Gesellen, die viel kaputt machen. Andererseits gibt es auch Langeweile, da wissen viele Menschen nichts mit ihrer Zeit anzufangen. Wahrscheinlich hängen Langeweile und Zeitdruck miteinander zusammen.

Die Zeitfresser sind für beide Übel verantwortlich. Sie bewirken, dass die Menschen ihre Zeit nicht angenehm und sinnvoll erleben können.

9. Kapitel: Nicht ohne meinen Papa

Nun habt ihr schon meine Familie kennengelernt: meine Mama, meine Schwester Anna-Lena, meine Oma und meinen Opa. Meine anderen Großeltern leben weiter weg in der Nähe von Hamburg. Das sind die Eltern von meinem Papa. Die sehe ich nicht so oft.

Vielleicht wundert ihr euch, dass ich so wenig von meinem Papa erzählt habe. Das ist eine längere Geschichte. Papa wollte eigentlich Medizin studieren, aber sein Abiturschnitt reichte nicht dazu. Also machte er eine Ausbildung zum Rettungssanitäter. Er hat schon vielen Menschen das Leben gerettet, sogar einmal ein Baby im Rettungswagen mit auf die Welt gebracht. Er versuchte es nochmals mit dem Medizinstudienplatz, was ihm auch schließlich gelang.

Aber er tat sich einfach schwer mit dem Lernen und schaffte die Prüfungen nicht. Also machte er eine Ausbildung zum Krankenpfleger, was ihm leicht fiel. Er arbeitete im Krankenhaus, was ihm auch Freude machte. Nun wurde er gefragt, ob er die Coronapatienten behandeln will. Er sagte zu und machte eine Zusatzausbildung zum Intensivpfleger. Es war nicht schwierig für ihn, weil er früher Rettungssanitäter war. Aber die Arbeit mit den schwer kranken Patienten macht ihm zu schaffen. Das belastet ihn sehr und Mama sagte oft zu uns, wir sollen Papa viel Ruhe gönnen und ihn ja nicht aufregen. Er sitzt oder liegt herum, starrt vor sich hin und scheint ganz weit weg zu sein.

Früher war er lustig, machte Späße und trieb Sport mit uns. Jetzt will er seine Ruhe haben oder nur mit Mama zusammen sein. Deshalb behandeln wir ihn wie ein rohes Ei und schleichen um ihn herum. Wir wollen ihn nicht noch zusätzlich belasten, das ist klar! Aber er fehlt mir so, der lustige Freund und Sportskamerad, der ge-

duldige Zuhörer und der Bastler, der im Keller eine gro-ße Werkstatt hat und stets dazu aufgelegt war, mit mir zu basteln, zu schrauben, zu sägen oder zu feilen. Wenn ich ein Problem hatte, konnte ich immer zu ihm kom-men.

Er sah mich dann mit großen Augen an und hörte mir geduldig zu. Meistens nahm er mich in seine starken Arme und streichelte mir über den Rücken. Oft erzählte er mir dann eine Geschichte aus seiner Kindheit, als es ihm ähnlich ergangen war und was ihm damals geholfen hatte. Manchmal konnte ich den Zusammenhang zwischen meiner und seiner Geschichte nicht so ganz erkennen, aber es tröstete mich trotzdem jedes Mal.

Er nimmt mich ernst, er hört mir zu, er tröstet mich… das waren die wichtigen Botschaften. Deshalb machten mir die Streitereien und Hänseleien in der Schule nicht so viel aus. Ich hatte ja meinen Papa.

Wenn er von der Arbeit kommt, dann zieht er sich schnell seine Jogging-Klamotten an und läuft seine Runden, um seinen Kopf frei zu bekommen. Anschließend duscht er ausgiebig und wir essen zusammen Abend. Mama kocht für ihn seine Lieblingsmahlzeiten wie Rinderbraten oder Lasagne.

Nach dem Essen zieht sich Papa zurück in sein Kellerzimmer. Entweder liest er oder er bastelt. Mama kümmert sich um den Abwasch und geht dann zu ihm. Einmal belauschte ich ein Gespräch von ihnen. Ich hörte seine Stimme: „Ich habe solche Angst, selbst krank zu werden und euch anzustecken. Vielleicht sollten wir doch lieber uns noch mehr räumlich trennen im Haus." „Nein, das will ich nicht," antwortete Mama. „Für die Kinder ist es schon schwer genug, dass du so wenig Zeit für sie hast!" „Nichts ist schlimmer als Krankheit und Tod, ich kriege das ja jeden Tag mit. Mir tun die Menschen so Leid. Ich kann sie gut versorgen, das macht mir alles nichts aus. Aber wenn wir sie nicht retten können…"

Seine Stimme brach, und ich hörte ihn schluchzen. Das hatte ich noch nie bei meinem Papa erlebt. „Es wird auch wieder besser werden," versuchte Mama ihn zu beruhigen.

„Aber wann? Die Leute sind so leichtsinnig. Sie haben immer noch nicht verstanden, was wirklich los ist."

Jetzt versteht ihr sicher, warum mich das Thema Corona ganz besonders umtreibt. Es ist auch wegen meines Papas. Ich wünsche ihm so sehr, dass er wieder lachen kann und Spaß am Leben hat. Für mich ist eines sonnenklar: es geht nicht ohne meinen Papa!

10. Kapitel: Licht am Ende des Tunnels

Ich rief seit längerer Zeit mal wieder Oma an und erzählte ihr von all den Träumen. Sie zeigte sich begeistert. „Ich finde, das sind alles so gute Botschaften. Ihr Kinder von heute seid so verständig. Ich bin mir sicher, dass ihr später die Welt retten werdet in irgendeiner Weise. Natürlich wird es auch wieder Gegenspieler geben, aber das Wichtigste ist, dass die Mehrheit von euch aufsteht und verstanden hat, um was es geht."

Und dann erzählte Oma, dass sie auch einen Traum hatte. In dem Traum begegnete ihr das Mädchen mit dem Coronahütchen.

Sie streute wieder das Virus. „Hallo," begrüßte ich sie. „Was tust du da?" „Hallo," sagte sie.

„Ich streue wieder das Virus so lange, bis die Menschen endlich begriffen haben, dass sie Mutter Natur dringend Hilfe braucht."

„Aber sie haben es jetzt schon verstanden, zumindest die meisten von ihnen, bitte höre auf zu streuen," bat ich sie. Sie sah mich betrübt an. „Das dachte ich auch zuerst, aber leider haben es zu viele doch noch nicht begriffen und zerstören weiter die verwundete Mutter Natur. Sie haben ihr kurz Zeit gegeben, sich zu erholen, um dann gleich wieder auf ihr herum zu trampeln und sie auszubeuten. Ich habe auch genug von dem Streuen, das kannst du mir glauben. Ich bin müde davon!"

„Aber dann finden wir vielleicht einen Ausweg. Ich glaube, viele haben deine Botschaft verstanden!" warf ich ein. „Leider noch nicht genug," antwortete das Mädchen traurig. „Die Menschen müssen selbst ein Gegenmittel

finden, das sich in ihre Herzen und Köpfe einpflanzt."
„Wo gibt es dieses Gegenmittel?" Fragte ich eifrig. „Das
ist ein Mix aus verschiedenen Dingen. Diese Dinge bewirken Einsicht, Einfühlungsvermögen, Mitleid und Ver-
antwortungsbereitschaft. Aber es kommt auf die richtige Mischung an. Wenn die nicht stimmt, kann das Mittel
nicht gut wirken."

„Wo finden sich diese Arzneimittel?" War meine nächs-
te Frage. „Sie können überall auf der Erde wachsen und
vermehren sich sehr schnell, wenn sie die richtigen Be-
dingungen finden," antwortete das Mädchen.

Auf einmal sah es mich mit weit aufgerissenen Augen

an. „Ach, jetzt erkenne ich dich erst! Du bist die Oma von
Felix und warst als Kind doch so lange krank." Ich zuckte
zusammen. „Woher weißt du das?" Stammelte ich. „Ich

weiß sehr vieles. Du hast doch erlebt, wie es ist, so krank zu sein und dann doch noch in letzter Minute gerettet zu werden."

Ja, das stimmt! Ich war als Kind sehr krank und mich hatten schon fast alle aufgegeben, sogar meine Eltern, glaube ich.

Aber da gab es einen Onkel Kurt. Er war nicht einmal mit mir verwandt, er war der Mann der Freundin meiner Mutter und hatte mich in sein Herz geschlossen. Er und die Freundin meiner Mutter mit dem Namen Hannelore konnten leider keine eigenen Kinder bekommen. Auf eine Weise sah Onkel Kurt in mir sein eigenes Kind. Meine Eltern, Tante Hannelore und er saßen eines Abends zusammen und es kam die Rede auf mich. „Ist eure Kleine immer noch im Krankenhaus?" Fragte er mitfühlend. „Ja, es gibt leider immer noch keine Hoffnung," sagte meine Mutter. „Aber dann müsst ihr um eure Tochter kämpfen! Da gibt es doch bestimmt einen Arzt, der sie retten kann!" „Wir haben schon alles versucht," war die resignierte Antwort meiner Mutter. „Dann versucht noch mehr, es geht doch um das Leben eures Kindes!" Rief Onkel Kurt aufgebracht. „Kurt, mische dich nicht ein!" Bat Tante Hannelore. „Und ob ich mich einmische! Hier geht es um das Leben eurer Tochter! Wie könnt ihr da nur so teilnahmslos bleiben?" Jetzt schrie er fast.

Meine Eltern sahen ihn mit weit aufgerissenen Augen an. „Was sollen wir denn tun?" Schluchzte meine Mutter. Mein Vater starrte ihn nur entgeistert an. „Fragen, nachlesen, forschen, telefonieren, alles tun, um euer Kind zu retten! Ich habe eine Idee," sagte Onkel Kurt dann. „Es gibt da einen Spezialisten in Ulm, ich rufe ihn gleich morgen an."

Und so kam es. Onkel Kurt rief den Arzt an. Der vereinbarte einen Termin mit meinen Eltern. Ich wurde verlegt in die Klinik nach Ulm und …gerettet. Der Arzt fand heraus, was mir fehlte, operierte mich und machte mich gesund. Hier sitze ich heute und bin fast 70 Jahre alt! Und ich denke, ich bleibe noch eine Weile auf dieser Erde. Ohne Onkel Kurt wäre ich damals gestorben!

Das Mädchen sah mich an. „Und da fragst du mich nach Lösungen? Du weißt es doch! Was muss passieren, damit ein schwer krankes Kind gesund werden kann? Genau so geht es heute der Mutter Natur. Die braucht auch so einen Onkel Kurt und so einen Arzt …"

Natürlich! Jetzt sah ich alles vor mir.

Die Mutter Natur braucht Menschen, die erkennen, dass sie in großer Not ist und dass ihre Lage wirklich ernst ist. Sie braucht nicht nur halbherziges Mitleid, sondern Menschen, denen sie sehr wichtig ist und die bereit sind, um sie zu kämpfen. Dann braucht sie einen Arzt, der fachlich sehr gut ist und den Mut hat, sie zu retten. Anschließend braucht sie viel gute Pflege und Fürsorge, Zuwendung und Zuspruch, damit sie wieder gesund, kräftig und glücklich werden kann. Und erst dann kann sie wieder für die Menschen da sein.

Hoffnung - Nachwort

Omas Traum war der Schlüssel für die Rettung. Ich erzählte ihn meinen Eltern und Freunden, und die erzählten ihn auch wieder anderen Menschen weiter.

Es war so, als ob ein Licht der Erkenntnis in die Menschen drang und sie antrieb, bei der Heilung unserer Natur mitzuwirken.

Das dauerte eine Weile und erforderte viel Geduld. Es gab auch Rückschläge, die überwunden werden mussten, aber am Ende haben wir es alle zusammen geschafft: das Virus zog sich mehr und mehr zurück.

Mutter Natur erholte sich langsam, aber sicher von den vielen Verwundungen und Krankheiten, wurde wieder gesund und kräftig und war dazu bereit, uns viele wunderbare Geschenke zu machen…

Die Autorin

Beate Birk, geboren 1957, hatte schon immer Spaß am Geschichten erfinden und erzählen.

Früher erzählte sie ihren eigenen Kindern selbst erfundene Geschichten, wenn sie sie zu Bett brachte, manchmal tat sie das auch als Lehrerin vor ihren Schulkindern. Dadurch wurden die Kinder in ihrer eigenen Fantasie angeregt.

Schon lange bestand bei der Autorin der Wunsch, ihre Geschichten einmal aufzuschreiben, damit sie nicht verloren gehen.

Diesen Wunsch erfüllte sie sich mit diesem Buch.